SHIV

SHIV

YAMINI

shiv

by - Yamini

Published by- TO SHINE PUBLICATION HOUSE.

Contents

Shiv

शवि

शवि

नरिंकारी

शवि

शवि

He's Power,

Lord Shiva.

शवि-शम्भू

महाकाल

"महादेव मेरा सारा संसार हो तुम"

Lord Shiv

शवि

वह त्रिदिव है, वह महादेव है

मेरे शवि शंकर

हे भोलेनाथ

शवि...

संकर

महादेव मेरे पर्वतवासी है,

Contents

Preface

Even though remains infinite, he is simply engrossed in it.

Gangadhar is Kailash, lives in every particle.

Whether you do worship or just take the name of Shiva,

May no other person like him put a smile on his face.

But when the anger comes, the fierce form becomes formidable,

Shiva is the head of the devotees, even if he wants to do the tandav.

Index

Copyright

1. Founder of To shine publication house.

Yamini

Beautifully unique just like my name "Yamini". Its perfect for a girl like me living in Delhi. Being a graduate, with nothing else but time, I got enough interests to keep me moving. So, I am learning Japanese as a course for now. Here's a something I learned recently, "Watashi wa Yamini desu", its great innit? Being a logophile (lover of words), I tend to write a lot of stuff. Hence,. Talking about my strengths, I think I am empathetic, negative being credulous. Funny right! Being a girl, I take pride in surmounting my family and my work altogether. Learning and understanding people through time, I think I have forgotten about myself. Maybe because I have understood the meaning and importance of life: What it is like to live for others and being involved for the sake of other people's fear & happiness as if it's all mine. I don't expect to be helped, just a mere shoulder of support is all I need and I shall rejuvenate this world with abundant knowledge of books. Guided by this sea of knowledge, the world will be preserved by its people and society.

Thus, I write all of this in my bio and implore all of you to "Try to know about the world and yourself foremost, rather than reading and knowing about me". That is all I ask.

Thank You.

SHIVA

आदि अनंत होकर भी रहता बस मग्न में हौ
गंगाधर, कैलाशी है रहता इक कण-कण में हौ
चाहे जैसे करो तुम पूजा या बस शिव का नाम ले,
इनके जैसा न कोई दूजा चेहेरों पर मुस्कान रखो
पर क्रोधाग्नि जब है आती प्रचंड रुप विकिराल धरे,
भक्तों के सरिमौर है शिव फरि चाहे तांडव ही करो

YAMINI

2. shiv

Shiva means nothingness,
But nothingness is the basis
Of everything,
He is all and everything,
He is the universe,
When world puts you down,
He puts you up,
He is the source of strength and power.
Shiva is always by your side.
Ankita Sarkar

shiv

हे शिव जब सब ही तेरा हैं

फिर जन जंग तेरा मेरा क्यो

हर शास हर धडक़न तेरी

ब्ररहमाण्ड का हैं कन कन तू

हर इक में है तेरी शक्ती

फिर मैं कर्ता मन भजता क्यू

हे शिव जब सब ही तेरा हैं

सुख भी तेरा दुख भी तेरा

रात और प्रभात भी तेरी

जीवन मिले या काल घिरे हो

बढे इशारे पा कर तेरी

फिर काहे भरमाए सुख मन

दुख से आखिर डरता क्यो

हे शिव जब सब ही तेरा हैं

तूने रचा हर एक बनाया

गोरा काला रूप कुरूप

काटें पुष्प कमल और कीचड़,

सागर लहरें छाया और धूप

फरि काहे करें एक प्रेम

दूजे से घ्रिणा मन करता क्यो

हे शिव जब सब ही तेरा हैं

Sonali Meher

शिव

ना आदि ना अंत है उसका !

वो सबका ना इनका उनका !

वही शुन्य है वही इकाई जिसके भीतर बसा शिवाय !!

आँख मूंदकर देख रहा है

साथ समय के खेल रहा है महादेव महाएकाकी ,

जिसके लिए जगत है झांकी !

वही शुन्य है वही इकाई जिसके भीतर बसा शिवाय !!

राम भी उसका , रावण उसका !

जीवन उसका , मरण भी उसका !

तांडव है और ध्यान भी वो है !

अग्यानी का ज्ञान भी वो है !

इसको काँटा लगे ना कंकर ,

रण में रूदूर घरों में शंकर !

अंत यही सारे भघ्नाओ का

इस भोले का वार भयंकर !

वही शनु्य है वही इकाई जसिके भीतर बसा शविाय !!

Bibhusmita Singh Samanta

शिव

वंदन प्रभुजी करो स्वीकार हमारा

सौंदर्य का वर्णन मैं करूँ तिहारा

ध्यान धरकर हर एक रूप तुम्हारा

अनुपम छवि को नमन हमारा।

केश जटा सम शोभित लागे

शीश में गंग को स्थान दिलाए

भाल सुशोभित चंद्र हैं ऐसे

सूर्य की किरणें जैसे मुस्काए।

मुख की आभा लागे मनभावन

कामदेव भी तुमपर मुग्ध हो जाए,

ललाट सुसज्जित तीसरे नेत्र से

कुपित हो जो खुले तो सब भस्म कर जाए।

कंठ में हलाहल, गले बासुकी

नीलकंठ, विषधर तुम कहलाए,

रुद्राक्ष धारण किए तन पर सारे

रुद्ररानी के तुम प्रिय रुद्र कहलाए।

तन पर धारण किए मृगछाला

हर मन को अपने वश में किए,

भस्म लगाकर पूरे बदन पर

नश्वरता का तुम ज्ञान संसार को दिए।

एक हाथ में साजे त्रिशूल तुम्हारे

जिससे दुष्ट असुरो का विनाश किए,

दूजे हाथ से आशीष तुम देकर

अपने सभी भक्तों का कल्याण किए।

©श्वेता सिंह

IG: @shwetasingh2312

नरिंकारी

उसी के ज़िक्र से मेरा बयान रोशन ज,

की जिस्के नाम से ये सारा जहान रोशन ज,

वो एक नाम की जिस नाम को लेने से,

ज़ुबान पर एक मिश्री सी घुल जाती ह,

वो प्यार का एक मुजस्मा,

की जिसे हृदय म बस लेने से,

हृदय मंदिर बन जटा ज,

वो एक व्यक्ततिव की जिस्के आए श्रद्धा से नटमस्तक हो जाता ह अस्मान भी,

वो एक मसीहा की जिस्के परोपकार के

आगे ही सजदा कार्त एच,

ये साड़ी की साड़ी कायनात,

वो गुनो का एक समंदर की जिस,

परोपकार, दया, करुणा, धैर्य, सहंशिल्ता, शमा, जेसे गुनो की परभिाषा बंटी ह,

अपार धैर्य धारण करत हुए,

संघ का नहीं संगिार का संदेश दयिा,

प्रेम आपके रोम से होता ज,

तबी तो आप किसी की खुशी

देख कर खिलखिला कर जल्दबाजी हो,

तो कभी किसी का दर्द आपको उदासी कर जटा ज,

हर अपरचिति आपका जाना पहचान ज,

हर किसी से आपका रूहानयित का नाता ज,

कोई भी चाहे पल भर ही ध्यान कर आपका,

आपके आसधिारंं व्यक्ततिव के

समोहन म बंद कर रह गया,

जसि भी जसि रूप एम दखेा,

पतिा, पुतुर, भाई, बंधु, सखा,

हर कसिी को ये एहसास होता रहा,

की आप उसी के है,ं

हर दलि म असी हुई आपके प्रेम की

परोपकार की कहानी,

लेकनि आपकी इन कहानयिो ंसे केई ऊंची ज आपकी शक्षिाए,ं

जो आप हर बार दोहरे रह,े

अपने कर्म से सखिते रह,े

...

की छोटी छोटी बटो को दरगजा़र करना सखि,ें

दसरी की कमी को नही ंखूबयिो ंको याद रख,ें

अपना प्यार हर इंसान पर बराबर बरस्ता रहा,

झोपडी़ हो या महेली

आपके पवन कदमो एम वाही रूहानयित,

नूरानी मुखड.ेपर वाही मुसुकुराहत राही,

जो भी मलिा तुझसे एक बार तेरा ही हो गया,

जो था पत्थर दलि वो भी पघिल गया,

चींटी यही कहना चाहूंगी की...

तेरी रहमत का बयान कुरू्

वो जुबान नही ंमेरे पास हो

Simran saxena

शिव

शिव से ही मांगंगा हैं

शिव से ही मन चंगा हैं

शिव की महिमा वो नहीं

जिसमें बुराई जीत जाए

उसमें हैं जिसमें सिर्फ

सबके साथ न्याय

उसकी भक्ति में न सिर्फ प्यार हैं

भक्त के जीवन में खुशी अपार हैं

बद्रीनाथ हो या महाकाल

पूज्य हैं हर दिन हर साल

सावन में हरी चूड़ियां पहने

भक्तिन महादेव को खुश करे

पाने को उनका आशीर्वाद

रोज तांडव स्तोत्रम पढ़े.

जिसकी भक्ति में काल भी गुम जाता हैं

वो महादेव अर्थात महाकाल कहलाता है

Srishti Srivastava

शिव

हर बार सोचूँ उनका बखान करने का

पर क्या बखान करूं मैं उनका

इसी उलझन में मैं हमेशा उलझ सी जाती हूँ

जिसके सिर पर हो

चाँद और गंगा का विराजमान

सोचो वो कितना शांति का प्रतीक होगा।

जिसकी मंडली भूत प्रेत से भरी हो

सोचो वो कितना खतरनाक होगा।

जिसने गले में जहर भरा हो

और सांप को पनाह दीया हो

सोचो वो कितना गुस्से वाला होगा।

जिसकी प्रेयितमा खुद पार्वती हो

सोचो वो कितना प्रेम पुजारी होगा।

ऐसे अनेक रूप हैं उनके

किस किस रूप का बखान मैं करूं

बस इसी सोच में

हमेशा उलझ सी जाती हूँ

©AKII#@@@

He's power,

If Pain could be skipped

it would be cause of "Mahadev"

He's Supreme divine,

We all are part of His,

Everything seems addicted

When you started getting along

with Him.

He's power,

He's shrine,

He's beauty,

He's Serene,

He's Love,

He's nature,

He's all the creature on land,

He's kind knows everything without

explain,

He listens all of his devotees,

He avails all the stuffs

Once be kind & genuine to

his creatures,

I found him my Serene,

Would love to visit his place

Whenever I find myself

Amid Chaos. ??

Priya Singh

Lord Shiva.

Shivaratri is the most auspicious day for Lord Shiva.

Going to Shiva temple and worshiping on that day will definitely benefit us.

And it is said in the Puranas that staying awake all night on Shivratri also gives us benefits.

We have been celebrating Shivratri for many years.

We understand this very well when we read myths.

Women will pray for her husbands.

Shiva will surely bless us if we worship him wholeheartedly.

The one with the third eye on the forehead,

The giver of blessings to the good,

The slayer of the wicked,

The one who has poison for the good of the universe.

The giver of blessings to those who truly pray,

Man of Shivarathri,

Who has Nandi as his vehicle,

Snake around the neck,

He is Lord Shiva.

- Mohanapriya.K

शिव-शम्भू

कहकशां पर जो छाया वो शिव-शम्भू हैं

ज़र्रे-ज़र्रे में जो समाया वो शिव-शम्भू हैं

त्रिशूल, जटा, अर्धचंद्र, व्याघ्र की छाल है पहचान

नंदी बैल जिनकी सवारी वो शिव-शम्भू हैं

तीसरा नेत्र जब खोले और तांडव जब मचाए

रोष धरती पर दिखाए वो शिव-शम्भू हैं

देव-अदेव के हित को हलाहल जिसने पीया

वो भोला वो शंकर वो शिव-शम्भू हैं

वो आदि हैं वो ही अनन्त काल में

हरपल चलाए जीवन-चक्र वो शिव-शम्भू हैं

Sahil Hindustani

महाकाल

पत्थरों में भी मिला हैं , पर्वतों पर भी खडा़ हैं |

शेषनाग से जुडा़ हैं , जिसके होने से धरा हैं |

शंभूनाथ जो कहो तो , हर भक्त को पता हैं |

रावण से न हिला जो, कैलाश पे टिका हैं |

हवाओं सा तेज वो , लहरों प भी चला हैं |

मंथन से ना डरा जो , गणेश का पिता हैं |

हैं कालका का रूप वो, प्रचंड उसकी दहाड. हैं |

बजिय जिसका त्रिशूल हैं , वह देव महाकाल हैं |

Nihal Mishra

"महादेव मेरा सारा संसार हो तुम"

महादेव देवों के देव हो तुम..

सबसे सरल सबसे निश्चल,

प्रेम है जिसका ऐसी मूरत हो तुम ।

महादेव मेरा सारा संसार हो तुम ।।

हाथ पकड़कर हर बार सहारा दिया तुमने

कीचड़ पर भी गिरी अगर,

हाथ पकड़ कर निकाला तुमने ।

मेरी कामयाबी पर जो चमका..

मेरे माथे का प्रकाश हो तुम ।

मेरे महादेव मेरा सारा संसार हो तुम ।।

मेरे संग हर पल खड़ा रहा,

बनके मेरी परछाई हो तुम ।

गुज़र गया छूके मुझे तूफ़ान..

बने ऐसी ढाल हो तुम ।

मेरे महादेव मेरा सारा संसार हो तुम ।

कड़ी धूप में रखा सर पर

मेरे जसिने अपना हाथ।

दी शीतल छाया जसिने,

दिया अपना प्रेम अपार...।

क्या हो तुम क्या बतलाऊं मैं,

मेरे बाबा मेरे शंभूनाथ हो तुम।

मेरे महादेव मेरा सारा संसार हो तुम।।

कितना निश्चल तेरे मेरे मन का रिश्ता है।

भोलेनाथ मैं मानु तुझे अपना पति,

कहु खुद को तेरी संतान।

तुम हो जो सदा मेरे साथ...

इतना ही मेरे लिए काफी है।

मेरे महादेव मेरा सारा संसार हो तुम।।

Shweta Taikar

Lord shiv

The man who is selfless

He who is everything

For his children

Appreciate when doing good things

Punishes while doing evil

He's the beginning

He's the end of this world

Not everyone can become like him

He is unique always

The lord shiv is apart from the mistakes

He teaches great lesson

And make them understand the purpose of life.

Boobana Raj

शिव

बच्चों सी मासूमियत व

फूलों से कोमल हृदय हैं रखते

उन्हें हम सब शिव हैं कहते

पार्वती से अटूट प्रेम हैं करते

भांग धतूरा इनको भाता,

तीसरा नेत्र जब इनका खुल जाता

इनके तांडव से सम्पूर्ण ब्रह्माण्ड हिल जाता

भक्तों पर रहती सदैव इनकी कृपा

दूध, बेल पत्र से यह खुश हो जाते

अपने भक्तों के निर्मम हृदय को

गहराई से समझते हैं

भोले के करीब जाने को

अपनी भक्ति से रिझाने को

एक माह पावन हैं

वह भोले का सावन हैं

वह भोले का सावन है ...

Anamika

वह त्रिदेव है, वह महादेव है

योगी वह है जिसने संपूर्ण अस्तित्व के साथ एकता का अनुभव किया है। इसलिए
आदियोगी जो प्रतिनिधित्व करते हैं, वह ज्ञान है, ज्ञान नहीं

निर्माण और विनाश जुड़ें.हुए है। अगर कुछ मर जाता है तो दूसरी चीज जन्म लेती
है। और सृष्टि और विनाश के बीच सब कुछ आपकी जीवन यात्रा है

वे महाकाल है जो कालो के भी काल है

वे निराकार है शून्य है पर फिर वो इस सृष्टि के

वह त्रिदेव है, वह महादेव है

वे योगी है जिसने संपूर्ण अस्तित्व के साथ एकता का अनुभव कराया है। इसलिए
आदियोगी जो प्रतिनिधित्व करते हैं, वे ज्ञान का बोध कराते है

निर्माण और विनाश जुड़ें.हुए है। अगर कुछ मर जाता है तो दूसरी चीज जन्म लेती
है। और सृष्टि और विनाश के बीच सब कुछ आपकी जीवन यात्रा है इस अनुभव का
ज्ञान आदियोगी के चरणों में ही है

वे महाकाल है, जो कालो के भी काल है

वे निराकार है, फिर भी इस सृष्टि के रचनाकार है

वे शून्य है फिर भी इस सृष्टि के पालनहार है

वे देवो के देव है फिर भी फिर भी वो इस सृष्टि के पति है

Shambhavi kumari

मेरे शिव शंकर

मेरे शिव शंकर हैं ध्यान,

मेरे शिव शंकर हैं ज्ञान,

मेरे शिव शंकर हैं भक्ति,

मेरे शिव शंकर हैं मुक्ति,

मेरे शिव शंकर हैं शक्ति,

मेरे शिव शंकर हैं शांति,

मेरे शिव शंकर हैं मोक्ष,

मेरे शिव शंकर ही संसार,

मेरे शिव शंकर हैं जीवन,

मेरे शिव शंकर ही महाकाल|

हर हर महादेव

Talima Das

हे भोलेनाथ

हे भोलेनाथ हे उमापति

हे नंदी के स्वामी हे कैलाश पति ।।

हे आदि अनंत हे अंतर्यामी

सारे जग के तुम हो स्वामी ।।

हाथ त्रिशूल कंठ नागराज विराजे

गंग सुशोभति जटा में चन्द्र साजै ।।

त्रिनियन तेज रुद्रमयी बाघाम्बर पहने

हाथ डमरू हैं डम डम बाजै ।।

सुर नर मुनि सब ध्यान लगावैं

तुम से ही सब आस लगावैं ।।

कृपा करो हे भोलेनाथ

हो तुम देवों के देव ।।

ओम हर हर हर महादेव ।।

राम चन्द्र जी तुमको ध्यावैं

राम नाम आप जाप लगावौ ।

भक्तों के हितकारी प्रभु हैं

पयित भंग अंग में भस्म लगावैं ।।

करुणानिधि हैं दीनदयाला

संकट हरो हे पालनहारा ।।

महायोगी तुम हो सर्वव्यापी तुम हो ।

तुम ही सहायक रक्षक तुम तुम हो ।।

मेरी आंखों इच्छुक दर्शन को तुम्हारे

कृपा करो हे मेरे देव ।।

ओम हर हर हर महादेव ।।

शीश नवाऊं चरणों में तुम्हारे

जपुं निरंतर तुम्हारा नाम ।

भोलेनाथ बना देते हैं

हर बिगड़े का काम ।।।

भांग धतूरा तुम्हें खिलाऊं

चरणों में आपके मैं बस जाऊं ।

बेल पत्र मैं तुम्हें चढ़ाऊं ।

भस्मीभूत का तुमको लेप लगाऊं ।।

विनती सुनलो प्रभु हमारी

दुनिया जाने महिमा तुम्हारी ।।

भैरव भयंकर बन संहारक

तुम ही भोला भंडारी ।।

मेरा जीवन तुमसे है

हे मेरे महादेव ।।।

ओम हर हर हर महादेव ।।।

Ravishanker Nishad (ARVI)

शिव...

आदि हैं अनादि भी शिव

अंत हैं अनंत भी शिव...

काल हैं महाँकाल भी शिव

कालभैरव हैं त्रिकाल भी शिव...

निरंतर हैं निराकार भी शिव

अपार हैं ॐकार भी शिव...

नीलकंठ हैं सत्य भी शिव

देव हैं महादेव भी शिव...

Akash S. Malthankar

संकर

उसकी जटा में गंगा समाए

त्रिशूल से दुश्मनों को कंपाए

देखने में भोला

सांप पहन

गले में झुलाए

विष ग्रहन कर

दुनिया को बचाए

काली, सती, दुरगा , पारबती

को अंश बनाए

दुनिया को नारी पुरुष समानता का पाठ पढाए

वह हमारे संकर कहलाए।।

Anwesha Rath

महादेव मेरे पर्वतवासी हैं,

महादेव मेरे पर्वतवासी हैं,

बालों में उनके गंगा वरिजवासी हैं,

नाग देवता उनके आभूषण हैं,

हाथ में उनके कमंडल धारण हैं,

दानवों के लिए त्रिशूल तुम्हारा चमक उठता,

तांडव करते जब डमरू तुम्हारा बज उठता,

भोलेनाथ तेरी दुनिया में भक्त रहते मस्त,

कृपा तेरी निराली है महिमा है तेरी जबरदस्त,

बड़ी आसानी से तुम सुन लेते हो सबकी पुकार,

जब दिल करता भक्त पहुंचते हैं तुम्हारे दरबार,

तीनों लोकों के स्वामी हो तुम,

भोले अंतर्यामी हो तुम,

मन की दशा जान लेते हो तुम,

हर सुख दुख में साथ निभाते हो तुम,

हर दुख को हर लेते हो तुम,

बिन मांगे ही सब दे देते हो तुम,

देवों के देव महादेव हो तुम,

जय जय शिव शंकर मेरे अष्टदेव हो तुम....!!

Yogesh Gurjar Chinu

"हे शिव शम्भू"

हे शिव शम्भू! हे मेरे कैलाशपति!

सुन लो मेरी इतनी-सी ये वनिती,

चरणों में अपने थोड़ा स्थान मुझे दे दो

मुझ अबोध पर अपनी कृपादृष्टि कर दो,

वास है तुम्हारा ऊँचे हिम-पर्वतों में

बसते हो तुम यूँ तो हर कण-कण में,

मेरे अन्तः बस कर, मुझे पावन कर दो

मेरी हृदय-शिला को कैलाश तुम कर दो।

हे प्रभु! मैं अकिंचन, तुम सर्वशक्तिमान

मैं हूँ देह-मात्र, तुम ही हो मेरे प्राण,

बड़े भोले हो तुम, हो रूद्र भी तुम ही

तुम-सा मेरा भी व्यक्तित्व पूर्ण कर दो,

ये संसार तो है बस एक मायाजाल

जब तक है जीवन, है ये जी का जंजाल,

जीवन को मेरे अब भक्ति-युक्त कर दो

हे ईश! मुझे हर माया से मुक्त कर दो।

सब कुछ है तुम्हारा, फिर भी हो वैरागी

सारी सृष्टि में तुम-सा ना कोई अनुरागी,

ईर्ष्या-घृणा भावना को आज भस्म कर दो

मुझ में भी स्वयं-सा प्रेम-भाव तुम भर दो,

भोले! कहाँ है तुम-सा कोई और महादानी

तुम हो सर्वज्ञाता, हम लोभी मूढ़-अज्ञानी,

सारे सांसारिक विकार मेरे दूर कर दो

मलिन हिय को मेरे, हे शिव! शुद्ध कर दो।

प्राप्त कर सकूं तुम्हें, इतना सामर्थ्य न मुझमें

न गौरा-सी त्यागी, ना शिव-गणों सी पुण्य मैं,

फिर भी हे मेरे इष्ट! मुझ पर थोड़ी दया कर दो

रज-कण ही बना के, निज चरणों में शरण दो,

अरज लिए ये भक्त तेरी कतार में खड़ी है

जीवन नैय्या मेरी, भव-मंझधार में पड़ी है,

अब तो हाथ बढ़ाओ, इस पार तुम कर दो

मेरे उद्देश्यहीन जीवन को सार्थ तुम कर दो।

©मनमौजी मृदुला

भोले बाबा

कैलाश पर हैं वास जनिका,

पार्वती मां के प्यारे,

गुस्से के परकोप से डरते सब नर नारी,

सर से गंगा की धारा बहती,

हाथ में डमरू और त्रिशूल हैं सजते,

नीलकंठ हैं कहलाते,

इस सृष्टि को हैं चलाते,

भोले बाबा हैं कहलाते,

गणेश कार्तिकय हैं आंख के तारे,

पूजा कर इनकी सब पाप हैं मिट जाते।

Bhawna Mehta

"Shiv- A name in my heart"

Shiv, the end of every start.

Shiv, the only name in my heart.

Shiv, the universe in itself,

Shiv, a universe in its every part.

Shiv, the name of a love, a devotion.

In every tear drop in each emotion.

Shiv, the one present in many,

In a form of their truest dedication.

Shiv, the chant of whose name,

Risen the sun up and sets it to its rest.

Shiv, the most significant

The supreme yet the simplest.

Pausali Mukherjee

शिव

जब सब कुछ ही तुम्हारा हैं शिव

फिर लोगों में तेरा मेरा क्यों हैं शिव

बस्ते जब हर दिल में तुम हो शिव

ब्रह्माण्ड के करता-करता धर्ता तुम हो शिव

हर किसी में शक्ति तुम्हारी हैं शिव

फिर कुछ लोग ये बलात्कार करते क्यों हैं शिव

जब सब कुछ ही तुम्हारा हैं शिव

फिर ये गलत काम होते क्यों हैं शिव

सब दुख-सुख तुम्हारे हैं शिव

दिन ओर रात भी तुम्हारी हैं शिव

जीवन मीले या मीले मृत्यु शिव

चलता रहूंगा इशारो पर तुम्हारे शिव

फिर भी मन डरता क्यों हैं शिव

दिल दुख से आखिरि घबराता क्यों हैं शिव

जब सब कुछ हैं तुम्हारा हैं शिव

तुमने बनाया एसा घेरा क्यों हैं शवि

उंगली पकड़ कर तुम्हारी चलता रहूंगा शवि

लोगो में प्यार मैं भी बाटता रहूंगा शवि

ज्ञान मैं भी पता रहूंगा शवि

पवत्रि बनने की कोशशि मैं भी करता रहूंगा शवि

लोग एक-दूजे से जलते क्यो है शवि

जब सब कुछ ही तुम्हारा है शवि

जब सब कुछ ही तुम्हारा है शवि...........

Arihant jain

Lord Shiv

Once, Lord Indra got upset with Farmers, he announced there will be no rain for 12 years & you won't be able to produce crops.

Farmers begged for clemency from Lord Indra , who then said , Rain will be possible only if Lord Shiva plays his Damru. But he secretly requested Lord Shiva not to agree to these Farmers & when Farmers reached Lord Shiva he repeated the same thing that he will play Damru after 12 years.

Disappointed Farmers decided to wait till 12 years.

But one Farmer regularly was digging, treating & putting manure in the soil & sowing the seeds even with no crop emerging.

Other Farmers were making fun of that Farmer . After 3 years all Farmers asked that Farmer why are you wasting your time n energy when you know that rains will not come before 12 years.

He replied "I know that crop won't come out but I'm doing it as a matter of "practice". After 12 years I will forget the process of growing crops and working in the field so I must keep it doing so that I'm fit to produce the crop the moment there is rain after 12 years."

Hearing his argument Goddess Parvati praised his version before Lord Shiva & said "You may also forget playing the Damru after 12 years!"

The innocent Lord Shiva in his anxiety just tried to play the Damru, to check if he could….and hearing the sound of Damru immediately there was rain and the farmer who was regularly working in the field got his crop emerged immediately while others were disappointed.

It is the practice which keeps on making you perfect.

We become even diseased or old just because we don't practice.

Practice is the essence of quality survival.

So, let lockdown lift after 2 weeks, 2 months or 2 years. Whatever trade or profession we are in, keep sharpening our skills, practice with what we have, upgrade our knowledge.

Don't wait for rain , that is the lock down to be lifted and then start something… focus on our skills today, upskill your self so that you are ready to meet the challanges.

RANGEESH CHANDRASEKAR

मेरे शिव मेरे परिवार हैं,

अघोरी हैं वो ,वो महाकाल हैं,

मेरे शिव मेरे परिवार हैं,

समस्त विश्व का आधार हैं वो,

समस्त संसार का आशय हैं वो,

अर्थ हैं वो निअर्थ हैं वो,

विश्व का ब्रह्मांड का चारो खंड का आधार हैं हैं,

जन्म से लेके मृत्यु तक,

हर वक्त मेरे साथ हैं वो,

ब्रह्मा विष्णु महेश कण कण में वो बसे हैं बस ,

अघोरी हैं वो ,वो महाकाल हैं,

मेरे शिव मेरे परिवार हैं,

Ankita Dwivedi.

महाकाल

काल के काल महाकाल हैं हमारे,

भक्तों की वो सुनते हैं पुकारों

करते हैं डमरूधारी सभी का उद्धार,

रहती अपने भक्तों पर उनकी कृपा है अपार।

सागर मंथन में विष को उन्होंने ग्रहण किया,

भगवान शिव को तब सबने नीलकंठ नाम दिया।

मस्तक पर अर्धचन्द्र धारण जो करते,

गले में जिनके नाग देवता विराजति रहते।

जटाओं से जिनकी बहती गंगा की धारा है,

वो हैं हमारे भोलेनाथ जो कहलाते गंगाधर हैं।

कैलाश पर है हमेशा से बसेरा उनका,

मेरे शंकर की मर्ज़ी बिना इस पृथ्वी पर,

कभी हिले ना एक भी तिनका।

आर्शीवाद से उनके बन जाते सारे बिगड़े काम,

जपते रहो हमेशा बस तुम महादेव का नाम।

Garima Srivastava

Ig: adhooore_alfaaaz

ओम नमः शिवाय

हे मेरे ईश अब तुम ही हो सब कुछ मेरा

मेरा हर सुबह तुम ही, मेरी रात्रि तुम से ही

मेरा सपना तुम ही, उस सपने में मदहोश तुम ही

मेरा हर सुख तुम ही, अपना हर दुःख बांटू तुम से ही

तुम ही मेरा जीवन, तुम से ही मेरी जीवन का मरण

तुम ही से ही आरंभ, तुम ही से ही अंत

तुमसे ही काल है, तुमसे ही जीवन मरण

तुम ही जीवन दाता, तुम ही पूरे सृष्टि के रचयिता

तुम ही काली, तुम ही कर्ण

तुम ही नेत्रों के अत्रि, तुम ही मुख से अंगिरा

तुम ही नदी का जल, प्रकृति में पावन हवा तुम ही से ही

इस पूरे संसार ब्राह्मण में जीवन तुम ही से ही

ओम शिव शंकर जटाधारी, प्रभु तुम से ही

हे मेरे ईश , कभी छोडना ना मेरा हाथ

एक तेरे भरोसे पे ही सब बैठी हुं भूल के ,

यूंही उम्र गुज़र जाए, तेरे साथ ही गुज़र जाए।

Kareena verma

The Rearer Of Universe -

Lord Shiva is the symbol of stillness

Also completely full of calmness,

He is immortal neither he was born

Rides on a bull which has sharp horns.

Above all prefers to consume cannabis

His place is the topmost in all deities,

For the entire world he is the creator

To all humankind he works as generator.

A person with bad deeds got a spoiler

When lord came in the form of destroyer,

Among all the gods he is known as the coolest

People worshipping him lives happily to the fullest.

He resides in you me and all around

Even he is present in air water and sound,

Has got in himself a spark

Only the hope in the dark.

If meditation is an art then he is the artist

All over the globe his devotees are largest,

Past present future he is everywhere

Got a third eye which is extremely rare.

Har Deepansh Bahadur Sinha

SHIVAN

The topic of Shivan is a pre-historic character. The people don't know his truth. Everyone see him as per collection of data. Generally, I Iearn that the Shivan was a kindom of tamil people. He is an ancestor by means of Pandiya. He is a man created civilization among those who hunters. Harappa-Mohenja-daro civilisation worshiped shivan in before of 5000 years as a God. They had named to the god "Pasupathi". Which means "Leader of animals.

The holy place of where the God is named in tamil "Kovil"(Temple).

Kov- King, il- Shelter. The actual meaning Kovil word is the king's house. Every tamil people calling god up is the word "Aandavaa". It means the ruler of entire place. When i see with it's all, I reckon that Shivan is a strong man of the tamil kingdom. But still these two questions that exist among human beings "Had emerged God as a man? Or Does the man portrait as God?

S. Maskoora

OM NAMAH SHIVAY"

Shiva is one of the Trinity of Gods who rule the world.Shiva also means kalyana or well being because he balances the nature by acting as the God of destruction.

Shiva is male yet contains female.He is God of life and death and of destruction and rebirth. Shiva is known for his divine family, extraordinary powers, his appearance and millions of devotees. Some of the famous temples of Shiva are Brihadeshwara Temple at Thanjavur, Shore temple at Mahabalipuram, Taraknath temple in West Bengal, Murudeshwara temple at Murudeshwara, Kedarnath temple at Uttarakhand etc. People worship Lord Shiva for want of unfathomable power.

Shiva exists in two states that is the samadhi and tandav. states. Lord Shiva is believed to have 19 Avataars. The snake which coils around the neck represents past, present and the future. The silence of Shiva has a lot of meaning.

Priyanka Bhandarkar

Lord Shiva

The great lord Shiva on Kailash

With Devi Parvati his consort

The symbol of Mother nature

With the world around herself

Present in every living being and soul

The symbol of true love for the world

Sacrificing her palace for her love

Loving Kailash as her new home

Being the Shakti of the Shiva

The pacifier of his anger and his love

The anger of lord is fearful

In reality he is the most simple.

Harshita Verma

शिव की काशी

महादेव की नगरी में रहती,

महादेव की बेटी हूँ

हर-हर महादेव का नारा,

साँझ-सवेरे देती हूँ

भोले की भक्ति की प्यासी हूँ

मैं काशी की निवासी हूँ

मेरे भोले की तो बात निराली,

जब पी ली उन्होंने जहर की प्याली,

भांग, धतूरा, भभूत, चंदन,

काम न आता कोई गठबंधन,

देवी-देवता करते उनका नति वंदन,

महादेव में रमी मैं रहती, तोड़ के सारे जग के बंधन।

माथे पर जिनके चंद्रमा विराजे,

जिनके गले सर्पों की माला है,

गौरा के साथ जो विराजे,

वो मेरा शंभू तो भोला-भाला है।

गणपति, कार्तिक के पिता हैं वो,

हमि में उनका आलय है,

हीरा, मोती, सोना, चांदी,

नहीं उनका संग्रहालय है।

शंभू भी तुम्ही, तुम्ही दीनानाथ हो,

तुम अपनी दया की बरसात करो,

हम काशीवासियों के हृदय में,

हरदम तुम ही वास करो।

मेरा-तेरा, अपना-पराया भूल जाऊं मैं,

ऐसा दो तुम वरदान,

अपनी दया-दृष्टि के साये में रखना,

समझ के अपनी ही संतान,

हर-हर महादेव, हर-हर महादेव,

मुख से निकले मेरे बारंबार,

हे! दयानिधि, करूणानिधि,

तेरे चरणों में ही मेरा संपूर्ण संसार।

Dr. Vartika Agrawal

Shiva

Dancing with the rhythm of soul

Whom to know as "Shivalinga" and "Jyotirlinga"

Moon and "Jota" in his head

As the benevolent, the beginning

Whom to known as Sidheswar, Tritaanpharak, Mukteshwar.

Shiva is indelible and omnipotent

He surrender to recreates the magic,

Of Goddess Parvati and Lord Shiva as Ardhnarishwar.

Ardhnarishwar was form of Lord Shiva

Completes the universe to be a part of soul.

Letting emptiness get more power

With self control, right thought and calmness.

He is Mahadev with 'trisule" and "dumro" in hand.

He is not only a God but an idol for billions

Whom to know as Bholenath, Taraknath and Trilokeshwar.

Srija Sadhukhan

shiv

1. मां अन्नपूर्णा और तेरे चरण चिन्हो को माथे से लगाना हो

वो कुल्हड़ वाली चाय

और बनारस की गलियों का दीदार पाना हो

करुंगी गंगा घाट पर आरती और तेरे दर्शन

महादेव मुझे तेरी काशी नगरी आना हो

2. प्रेम पत्र से कोई एमटीएलबी नहीं

माई से बेल पत्र में महादेव का नाम

लिखुंगी......♥?

3. दुनिया की सारी खुशी एक तराफ़ूफ़ी

आपकी भक्ति में लिने रहने का आनंद एक तारफ... हर हर महादेव ?

4. सोते जगते जिन महादेव का लेटे ह नाम:

उनके पास जाने के लिए मुहुरत का इंतजार करें

भला ऐसी जिंदगी का क्या काम...

Pallavi Mehta

__Thankyou.__